받아쓰기 100+10

받아쓰기 100+10

문희순 동시

이든북

작가의 말

어느 날 하루의 일정을 마치고 집에 들어온 손자 은석이가 털썩 주저앉으며 하는 말

"언제까지 이렇게 힘들어야 해요."

놀라기도 했지만, 너무 귀여워서 웃음이 나올뻔했어요.

"은석아 학교, 센터, 줄넘기학원 다니는 것이 무척 힘들구나! 그럼 모두 다니지 말까?"

"안돼요. 로봇 박사가 되려면 학교에서 선생님 말씀 잘 듣고, 친구들과 사이좋게 지내야 해요. 센터에 가서 부족한 공부도 해야 하고, 줄넘기도 열심히 해야 하고, 힘들어도 참아야 해요."

너무 의젓해서 8살 은석이를 꼭 안아주었어요.

아이들의 마음에서 어떤 향기가 날까?

진정으로 아이들과 부대끼며 아이들 세상에 풍덩 빠져 느끼며 그런 동시를 쓰고 싶었어요.

동시의 향기가 파릇한 새싹처럼 마음속에 묻어나고, 동시를 한 편 읽어보면 시원한 공기를 마실 때처럼 마음이 상쾌해지는 순수하고 예쁜 동시를 쓸 거예요.

저자 문 희 순

차 례

★ **작가의 말** 4

1부

콩닥콩닥 달리기

새 학기 우리반 12
운동화 13
착한 일 14
인어공주 16
받아쓰기 18
줄넘기 19
천 개의 바람이 되어 20
결혼하고 싶어 22
같이 놀자 24
아빠 너무해 26
킥보드 28
콩닥콩닥 달리기 30
말 한마디 31
시집가는 날 32

2부

가고 싶은 학교

노래 불러요 36

자전거 38

얄미운 코로나 40

골키퍼 42

비밀이에요 44

억울해요 46

코피 47

할아버지 자세 48

가고 싶은 학교 50

쥐똥나무 52

숨바꼭질 53

코로나검사 54

아빠 방귀 56

팝콘 꽃 57

3부

손잡고 뽀뽀해

유관순열사	60
양갈래 머리	62
손잡고 뽀뽀해	64
빵 궁둥이	66
구급차	67
단짝 친구	68
내 동생	70
누나	72
우정의 팔지	74
강아지	76
걱정하지 마세요	78
요술봉	80
금붕어	82

4부

나는 형님이니까

100 + 10 86

눈 88

아들 90

즐거운 요리시간 92

불 껐어 94

옥수수 96

14일의 감옥 98

물총 놀이 100

엄마가 안 계시는 날 101

깍두기 103

왜 그러지 104

썰매 106

아이스크림 주인 107

나는 형님이니까 108

윷놀이 109

5부

아빠랑 꽃 심기

아빠랑 꽃 심기	113
번개맨	114
비행기	116
의자	118
햄버거 놀이	121
나는 알아요	122
구구단 연습	124
싱싱 장터	126
짝꿍	128
존댓말	129
차이가 크게 나네!	130
답답해요	131
웃음참기 놀이	132
친구	134

1부

콩닥콩닥 달리기

새 학기 우리반

새 학기 첫날
너무 너무 기대가 된다.
교실에 들어서니 아는 친구 모르는 친구들도 있다.

은진이는 힘이 세고, 혜린이는 웃음이 많고, 웅이는 공부를 잘하고, 서현이랑 유빈이는 친구를 잘 사귀고, 만찬이는 야구를 잘한다.
태훈이는 태권도는 잘하는데, 친구들을 때리고 놀리는 것이 싫다.
이제 4학년이 되었으니
친구들과 사이좋게 지냈으면 좋겠다.

우리를 존중해주시고 조용한 성격이신 담임선생님
나는 부반장이 되었다.
빛나는 반이 될 수 있도록
친구들과 함께 화목한 반을 만들어야겠다.

운동화

예쁜 옷을 마음대로 입힐 수 있는 큰 인형
아빠가 생일 선물로 사주셨어요.
너무너무 좋아서 큰소리로
"아빠 운동화 제가 빨아드릴게요."

쓱싹 쓱싹
발 냄새나는 아빠 큰 운동화
칫솔로 운동화 안까지 꼼꼼하게
맑은 물이 나올 때까지 몇번을 헹구어요.
잘 마르라고 베란다 양지에 세워놨더니
와~ 반짝반짝 빛이 나요.

운동화 신을 때마다
아빠 마음도 구름처럼
두둥실 가벼웠으면 좋겠어요.

착한 일

태권도 끝나고
버스에서 내렸는데
우리아파트 마당에
월요장터가 열리고
핫도그 가게는 사람들이 웅성웅성
바삭바삭 달콤한 핫도그
맛있게 먹기만 하고
종이컵, 휴지, 나무젓가락 땅바닥에 그냥 버려요.

무척 추운 날
나는 꾹 참고
휴지와 일회용 컵을 발로 꾹꾹 눌러
납작코를 만들어 쓰레기통에 버렸어요.

마중 나온 엄마는
"현아 추운데 휴지는 왜 주워?"
"엄마 내가 나중에 할아버지 되어 죽으면
하늘나라에 계신 친할머니한테
현이 참 잘했다, 칭찬 받고 싶어서요."

인어공주

인어공주 불쌍해요.
사람의 다리를 가지게 되어
목소리가 안 나와요.

바다마녀 울슐라가
목소리 가져갔어요.
미워서 꼬집어 주고 싶어요.

왕자님을
너무 사랑한 공주는
바다로 뛰어들어 물거품이 되었어요.

은석이는
어린이집 다녀오면
인어공주 만화를 보고 또 봐요.
열 손가락을 두 번 접었다 펼 만큼 봤어요.
공주가 불쌍해서 밥도 먹기 싫어요.

받아쓰기

처음 생각대로 쓰면
정답인데
이리저리 고민하다 보면
답이 틀리고 말아요.

선생님 말씀에 귀 기울여
곰곰이 생각할 걸

속상하고 후회돼요.
시간을 되돌렸으면 좋겠어요.

줄넘기

아빠하고 줄넘기하기 재미있어요.
나는 X 모양으로 줄넘기하고
앞으로가기, 뒤로가기, 옆으로가기
신나게 100번 하고 싶었는데

아빠 줄넘기하는 모습을 보고
웃음이 빵 터져서 실패했어요.

키도 크고 긴 다리로 줄넘기하는데
엉덩이 뒤로 내밀고 씰룩씰룩
그래도 열심히 하는 아빠가 좋아요.

천 개의 바람이 되어

눈빛으로 마음을 나누고
손으로 말해요.

목소리는 내지 않고
손으로만 표현하는 수어문화제 대회
매일매일 연습하고 또 하고
친구들도 재미있어
짜증도 안 내고 열심히 연습했어요.

많은 사람들 앞에서
우리는 두 줄로 앉고 서서
손으로 눈으로 노래를 불렀어요.

일곱 살 배나무반 어린이들이 너무 잘했는지
구경하시는 어른들이 눈물을 흘려요.
우리는 가슴에 노란리본을 달고
머리에는 노란 종이배를 꽂고
하늘나라에 있는 언니, 오빠들을 생각하며
손으로 눈으로 마음으로 노래를 부르니
모두모두 슬픈 마음인 것 같아요.

이제는
언니 오빠들 차가운 바다 속이 아닌
넓은 하늘에 바람으로 자유롭기를 기도해요.

결혼하고 싶어

세희와 나은이는
나를 바라보는 눈이
반짝반짝 빛이나

어린이집에서
내가 최고로 귀엽다고
둘이서 서로
결혼하자고 해

나는 둘 다 결혼하고 싶어
사이좋게 재미나게
알콩달콩 사귀면 되잖아.

같이 놀자

은석이는
누나랑 같이 놀고 싶은데
숨바꼭질, 인형놀이, 방방 뛰기
누나는 귀찮은가 봐요.
친구들이랑 속닥속닥 들어가
방문을 잠가요.

"누나야 같이 놀자."
사정을 해요.
방문은 꽁꽁 잠겼어요.
누나들 따돌림에
은석이는 울음보가 터졌어요.

"누나 너무해 같이 놀자."
방문이 슬쩍 열리더니
"그럼 가만히 있어."

아빠 너무해

은석이는
잠이 들 때면
팔이 길고 축 늘어진 아빠 티셔츠
꼬옥 끌어안고 잠이 들어요.

꿈속에서
아빠를 만났는지
잠결에도 벌떡 일어나
'아빠' 하고 크게 불러요.

별들도 모두 집으로 돌아간 시간
깜깜한 방에서
서럽게 울면서
"아빠 너무해, 매일 집에 안 들어오고."

* 4살 은석이는 잦은 해외출장으로 집을 자주 비우는 아빠를 몹시 그리워해요.

킥보드

나는 멋있는 은석 왕자
스파이더맨 모자 쓰고
티셔츠 입고
신발까지 신고 나면
준비 완료
킥보드 타고 어린이집 가요.

뒷발로 힘껏 굴러
쌩~ 달려요.
시원한 바람도
아파트도 건물들도
내 뒤로 달아나요.

"멈춰, 천천히."
엄마는 소리 지르며 뛰어와요.
달리면서 하늘을 보니
파란바다가 하늘에 있어요.
둥글게 원을 그리면
동그라미가 되요.

콩닥콩닥 달리기

가슴이 콩닥콩닥 마구 뛰어요.

선생님이 힘차게 '출발' 하는 순간
출발선에서
허벅지에 힘을 주고
오른발을 힘껏 내디디고 달려요.

숨이 턱까지 차도
나는 달리는 것이 좋아요.

우리 반에서
누구도 나를 이길 수 없어요.

말 한마디

꽃처럼 예쁜 우리엄마
마음씨는 크림처럼 부드러워요.

내가 잘못할 때도
받아쓰기 한 문제 틀려도
동생을 울려도

엄마는
화가 나도 꾹 참으시고
해님처럼 활짝 웃으시며
"지금은 조금 부족해도 잘할 수 있어."

시집가는 날

웨딩드레스 입은 고모는
바비인형 보다 더 예뻐요.

신랑은 신부가 너무 너무 사랑스러운가 봐요.
눈에서 사랑의 레이저 발사
옆에 있는 나까지 녹일 것 같아요.

하얀 드레스 보석이 반짝반짝
고모의 눈에는 눈물이 글썽글썽
하늘나라 가신 할머니가 보고 싶은가 봐요.

2부

가고 싶은 학교

노래 불러요

쿵작쿵작
신나는 음악 소리
우리 가족이 함께 즐길 수 있는
노래방기계 아빠가 사 오셨어요.

아빠도 음치
할머니도 음치
엄마는 박자도 잘 맞고 듣기가 편해요.

나는 누나랑 가수 흉내를 내며
리듬에 맞춰
신나게 쿵작쿵작
어깨는 으쓱으쓱
노래방기계 재미있어요.

자전거

비틀비틀
아빠가 사준 새 자전거
처음 배우는 거라 무섭지만
신나고 재미있어요.

와~ 하고
자전거를 구르면
시원한 바람이 입속으로
겨드랑이를 간질이며 지나가요.

멋진 아빠 감사합니다.

얄미운 코로나

예쁜 선생님이 계신 학교도 못 가고
친구들 보고 싶어도 만날 수 없어요.
얄미운 코로나바이러스
허락도 없이 와서
집에만 있으려니 답답하고 심심해요.

코로나 19
눈에 보이면 친구들과 힘을 모아서
튼튼한 밧줄로 꽁꽁 묶어 지구 밖으로 던질 텐데
정말 아프게 주사바늘로 찔러주고 싶어요.

마스크 쓰면 김이 나서 덥지만 참고
아무도 없는 놀이터에서
엄마하고 동생하고

줄넘기하고 놀이터 한 바퀴 돌다가
엄마하고 약속 지키려고
아쉬운 마음 꾹 누르고 집으로 들어와요.

재잘재잘
친구들이 안 보이는 놀이터
너무 슬프고 속상해
내 마음에 차가운 바람이 들어와요.

골키퍼

공 받는 것이 어려운데
오빠들은 나에게 골키퍼만 하라 해요.
정말 싫었지만
축구가 좋아서 그냥 시키는 대로 해요.

오늘은 내가 공을 잘못 받았다고
오빠들이
"골키퍼 개판이네."
발로 차고 머리카락을 잡아 당겨요.

집에 와서 엉엉 울었더니
"수인아 왜 남자 애들하고 축구를 해, 하지 마."
달래주고 내 편 들어주기 바랐는데
엄마는 오히려 나를 혼내요.

슬프고 서러워서 더 울었어요.

"미안해, 용서해줘."
오빠들 한 마디에
속상한 마음이 싹 날아갔어요.

축구는
11명씩 22명이 함께 뛰는 운동이라
협동심이 필요해요.
그래야 상대팀을 이길 수 있어요.
나에게 축구는 초콜릿보다 더 달콤해요.

비밀이에요

교실 책상 서랍에
초콜릿과 편지가 있어요.
놀랐지만
설레고 좋았어요.

친구들에게
말하지 말고 비밀을 지켜달라고 해요.

어떤 친구일까요.
글씨도 또박또박 잘 쓰고
알 수가 없어 더 궁금해요.

처음 받아본 편지라서
내 방 책상 위에 붙여놓고
마음 고운 친구 얼굴을 상상해요.

억울해요

눈물이 뚝뚝 떨어져요.

남자 대 남자로
너도 맞고 나도 맞았는데
왜 큰 소리로 우는 거야
그러니까
나만 때린 거 같잖아.

선생님은 나에게
설명할 기회도 안 주시고
혼만 내셨어요.

정말 슬프고 답답했는데
참는 사람이 이기는 거라고
엄마가 말씀하시며 안아주셨어요.

코피

간질간질한 콧속을
새끼손가락으로 건드렸더니
빨간 코피가 묻어 나와요.

병원에서 레이저치료 하는데
꾹 참았던 눈물이 나요.
지금은 잘 참았지만
레이저치료 한 것이 떨어지면
다시 치료를 받아야 한데요.

진짜 진짜 겁이 나요.
엄마는 두려워하는 내 마음에
토닥토닥 해주셨어요.

할아버지 자세

여름에 샤워할 때도
따뜻한 물이 좋아요.

어린이집에서도
가장 편한 할아버지 자세 즐겨요.

친구들이
너는 애어른 같다고
선생님도 속이 깊다고 하세요.

친구들과 놀다가
조금 다치고 아파도 잘 참고
친구가 미안해할까 봐 애써 괜찮다고 해요.

할아버지 자세로 있으면
마음도 편안해지고
친구들을 사랑으로 포근히 안아줄 수 있어요.

가고 싶은 학교

-코로나19 때문에

오랜만에 학교에 오니
학교가 웅장하고 멋져요.

학년도 바뀌고 반도 바뀌고
교실 안에 아는 친구도 있고
새로운 친구도 있어요.

우리 학교는 아이들이 많아
A반은 월요일 수요일
B반은 화요일 목요일
서로 헤어져 수업을 해요.

자기소개로 시작된 5학년 생활
어떻게 펼쳐질까요.
선생님과 친구들
알록달록 블록처럼
색색으로 예쁘게 쌓을 거예요.

쥐똥나무

학교 가는 길
까만 눈동자를 굴리며
병정들처럼 나란히 보초 서서
우리를 반겨주는
작은 열매들

다행이
역겨운 냄새는 안 풍겨요.

보고 또 보아도
쥐똥하고 똑같아
정말 똑같아

숨바꼭질

누나가 장롱 속에 숨어도
치마 자락이 삐죽 보이고

나는 방문 뒤로 숨어도
문 밑으로 발가락이 보이고

아빠 술래는 우리를 찾아
두리번두리번
아실까 모르실까

누나와 나는
꿀꺽 숨소리를 삼켜요.

코로나검사

뱀꼬리처럼 꼬불꼬불
코로나검사 순서를 기다려요.

잘못한 것도 없는데
가슴이 쿵쾅쿵쾅 방망이질해요.

바둥바둥 몸부리치며 우는
어떤 누나를 보니 더 겁이나요.

면봉이 코로 들어갈 때
코로나하고 싸워야 하니까
주먹을 쥐고 꾹 참았어요.

기특하다고 엄마에게 선물 받은
뽀로로쥬스, 빼빼로, 곰젤리
돌아가는 발걸음이 달콤해요.

아빠 방귀

따 따 따 따 따 따
아빠 엉덩이에 따발총이 달렸어요.

모두가 눈을 동그랗게 바라보면
아빠는 머리를 긁적긁적

괜찮아요, 아빠.
따 따 따 따 따 따
우리 가족이 크게 웃었잖아요.

팝콘 꽃

팝콘처럼 터지는 꽃망울
입을 크게 벌려
내 입으로 쏘옥 떨어지면
달콤한 맛이 날까.

나폴나폴
하얀 나비처럼 꽃잎들이 춤을 추어요.
아파트 정원 예쁜 꽃길
엄마는 왕비
나는 공주
치마 끝을 잡고 우아하게 걸어요.

3부

손잡고 뽀뽀해

유관순열사

아빠랑 엄마랑 누나랑 함께
서울 서대문형무소에 갔다.

대한독립만세 외치다
감옥에 갇혀
무시무시한 고문을 당하다가
돌아가신 유관순열사

조금만 움직이면
가시에 찔려
피투성이가 되는 상자고문

거꾸로 매달아 물통 속에 빠트려
의식을 잃은 물고문

살갗 벗겨 소금을 뿌리는 소금고문
콧구멍에 고춧가루 물을 부어 폐가 망가지는
고춧가루고문

너무너무 잔인하고 무서워서
누나하고 엉엉 울었다.

나는 기지초등학교 2학년 공룡박사
나쁜 사람들이 괴롭히지 못하도록
태권도 열심히 하고, 공부도 잘해서
우리 대한민국을 지켜야겠다.

양갈래 머리

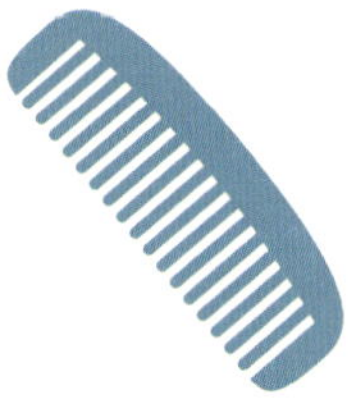

학교에서
연극연습을 한다고
선생님께서
머리를 묶고 오라고 하셨어요.
휴 ~
그냥 한숨이 나와요.

아침에
엄마가 내 머리를 양 갈래로 묶어주면서
와 ~ 예쁘다 하세요.
금방
내 눈에서 눈물이 뚝뚝 떨어져요.

엄마는
내 머리모양을 핸드폰으로 찍어
대전 할머니한테 보냈어요.

눈물이 펑펑 쏟아져요.
할머니한테 예쁜 내 모습만 보여주고 싶은데

또 찍으려는 핸드폰을
울면서 손바닥으로 가렸어요.
머리 묶기 싫은 이유는
내 이마가
아빠 닮아서 M자라서 그래요.
머리 묶는 것이 너무 너무 싫어요.

손잡고 뽀뽀해

서로의 생각이 달라서
엄마 아빠
짜증 섞인 목소리가 시끌시끌

"싸우지 말고 살아
손잡고 뽀뽀해."

나보고는 누나하고
사이좋게 지내라더니

빵 궁둥이

현이 궁둥이는
귀여운 궁둥이

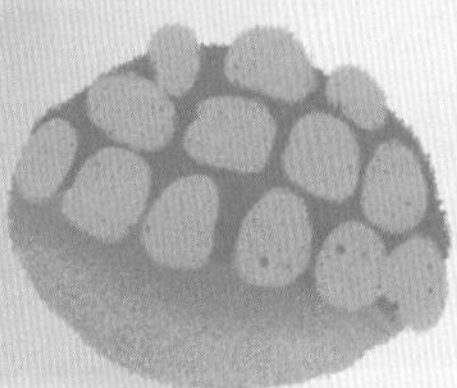

한 짝은 소보로빵
한 짝은 단팥빵
맛있는 빵 두 개가 엎어져 있는 궁둥이

방귀만 안 뀌면
말랑말랑 달콤한 궁둥이

구급차

빼오빼오
빨간불 켜고
구급차가 달려요.

길을 열어주세요.
소중한 생명이 위험해요.
도와주세요.

구급차 보면
가슴이 제멋대로 쿵쾅쿵쾅
많이 아플까 봐 조마조마해서
마음이 콩알만 해져요.

단짝 친구

우린 학교가 달라요.
내가 전학 오는 바람에 헤어지게 됐어요.

하루에도 몇 번씩 전화를 하고
오후에는 영어학원에서 만나 속닥속닥

코로나 말썽쟁이 때문에
학교도 격주로 가고 온라인 수업을 해도
시간 사이사이 영상으로 인형 놀이를 해요.

아침부터 저녁까지
우리는 떨어져 있어도 환상의 단짝이에요.

소심해서 표현에 서투른 나는
포근하게 안아주는 친구의 마음에
풍덩 빠져버렸어요.

내 동생

내 동생이 말을 배우기 시작했다.
아빠, 엄마, 아영
우리 가족을 부를 줄 안다.
내가 누나인데
동생은 엄마 아빠가 부르는 대로 '아영'이라 부른다.

나만 졸졸 따라다니고
뽀뽀하고 밀치고 안기고
귀엽기는 한데 귀찮을 때가 더 많다.

곰곰 생각해보니
내가 다시 엄마 뱃속으로 들어갔다가
다시 태어나면
나는 누나가 아니고 동생이 된다.
그럼 나는 어떤 동생이 될까.

내 동생이 오빠가 되고
나는 오빠한테 어리광부리고 떼도 쓰고
장난감도 내 차지하고
그럼 오빠 속마음도 나처럼
동생 되고 싶겠지.

누나

보드라운 살결
엄마 냄새
피카츄 인형이 누워있는 포근한 침대
어린이집 다녀올게
잠시 안녕이야.

어린이집에 입학하는 날
처음 보는 선생님
낯선 교실과 친구들
은석이는 빨리 집에 갔으면 좋겠어요.
엄마가 보고 싶어
참다못해 울음이 터졌어요.

선생님이 누나가 있는 방에 데려다 줬어요.
다독다독 누나가 달래줬어요.
누나의 작은 품이 포근한 엄마 같아요.
나는 누나가 정말 좋아요.

우정의 팔지

내 친구 빈아
너를 보면 마음이 예뻐서 좋아.
내 말을 잘 들어주고 이해심이 많아
꿈에서 자주 너를 만나 행복해.

학교는 다르지만
우린 이미 몸과 마음이 하나
늦은 시간까지 동영상 하면서
너와 나의 우정은 바위처럼 단단해지지.

지탈 놀이하면서 즐겁고
로블록스 게임을 하면서 신나고

빈아
우리 둘이 나눈 우정의 팔찌
소중히 간직하며
대학생 언니가 될 때까지 영원했으면 해.

강아지

꽁꽁 얼어버린 강바닥에
새끼강아지를 버렸어요.
엄청나게 큰 돌을 다리에 매달아
옴짝달싹 못하게 했어요.

놀라고 두려워서 뛰어도 제자리
강바닥이 차가워 도망치려 해도 제자리
어쩌란 말인가요.

깜깜한 밤이 오면
울다 지쳐서
동태처럼 얼어버리라는 건가요.

그래도
나쁜 사람보다 착한 사람이 더 많아
새끼강아지는 구조되어
건강을 회복하고 있어요.

걱정하지 마세요

학교숙제
학원숙제
다 힘들어요.
그래도 친구가 있어 좋아요.

만약에
학교와 학원이 흰 눈처럼 사라지면
학교도 학원도 안 가니까 신날 것 같아요.
음……
그냥 상상만 한 거니까
엄마 아빠 너무 걱정하지 마세요.

정직하고 착하게
친구들과 사이좋게 잘 지내고
동생하고 재미있게 놀아주는 예쁜 누나
부모님에게 효도하는 어린이가 될 거예요.

요술봉

어른들은 아프거나
사고를 당하면
돌아가시는 줄 알았어요.

그런데 나이 많아지면
힘이 없어도
하늘나라에 간다는 걸 알았어요.

할머니와 나란히 누워서
할머니 얼굴을 만져보아요.

오래오래 우리랑
함께 살았으면 최고로 좋겠어요.

“여기서 멈춰라, 얍~”
늙지 않는
요술봉을 만들어야겠어요.

금붕어

며칠 전에
금붕어 한 마리 죽었고
오늘은 남은 금붕어도 죽었어요.
우리 가족 모두 놀랐지만
흰 종이에 싸서 화단에 묻어주었어요.

2년 전에
누나가 학교에서 금붕어 2마리 받아왔어요.
나는 너무 예뻐서 먹이도 주고
엄마는 깨끗한 물도 갈아 주었어요.

작은 어항에서
두 마리가 사이좋게 살았는데
다시 볼 수 없으니 슬퍼요.

4부

나는 형님이니까

100 + 10

2학년 새 학기
받아쓰기 시험 시간
두근두근 콩닥콩닥

귀는 쫑긋
눈은 선생님 입모양을 보고요.
글씨는 또박 또박
반듯하게 썼어요.

받아쓰기 내 점수는
100 + 10점
선생님께 받은 칭찬점수까지
더하기로 받았어요.

4월 14일 월요일
2학년 1반 7번호
이름 최아영
1 왜 안 부르지?
2 풀밭을 걸을 땐
3 뒤꿈치로 걸어도
4 참 좋겠다.
5 아버지 콧속에서
6 울부짖고 있다.
7 양말을 벗겨 드렸다.
8 이를 뽑아야 하는데
9 눈물이 먼저
10 가슴이 조마조마 한다.
보호자 확인
선생님 확인
점수
100+10

눈

깜깜한 밤은
잠도 안 자고
눈을 만들었나 봐요.

하얀 눈이
포르르 포르르
나비춤을 추며 내려와요.

기분이 좋아
뽀드득 뽀드득
어린이집 가는 길
느릿느릿 내 발자국을 찍어요.

해님!
어린이집 끝날 때까지
눈 녹이지 않으면 안 될까요.
그럼 심술쟁이라고 안 할게요.

아들

미장원에서 머리 깎은
모습을 보고 엄마는
"와 ~ 우리 아들 잘 생겼다.
머리 다듬으니 멋져 보이네."

"허허 누가 멋져 보인다고?"
아빠가 물었다.

아빠
엄마는 지금 최고로 행복한 순간이세요.
아들을 보기만 해도 좋으시데요.

그래서 나는
누나 보다 무엇이든지 잘해서
엄마를 기쁘게 해드려야 해요.
효도하는 어린이가 되는 것이
쉬운 일은 아니에요.

아빠, 엄마에게
씩씩한 내 마음을 보여드리는 거예요.

즐거운 요리시간

앞치마 두르고
엄마와 피자를 만들어요.

양파, 햄, 감자, 식빵, 피자치즈
제각기 뽐내기를 해요.

프라이팬에서
노릇노릇 익어가는데
군침이 돌아요.

빵 위에
솔솔 눈가루 뿌리듯
볶은 재료들을 올려줘요.

오븐에서 완성된 피자
만드느라 힘들었지만
엄마와 함께 만들어서
최고의 꿀맛이에요.

불 껐어

4살 은석이는
깜깜한 밤이 되면
"엄마 불 껐어?"
"은석아 해님이 코 자려 집에 갔어."

새벽안개가 창문을 가리면
"엄마 불 껐어?"
"은석아 조금 있으면 해님이 짠하고 나타날 거야."

옥수수

우리엄마 예쁜 이처럼
옥수수는 나란히 촘촘하게 박혀있어
구수하고 쫀득쫀득 맛도 고소해.

그런데
옥수수에 달린 흰 수염 보면 할아버지 같아요.
나는 친할아버지 얼굴도
외할아버지 얼굴도 몰라요.
내가 태어나기도 전에 하늘나라 가셨데요.

나도 옥수수 사주시는
할아버지가 계셨으면 좋겠어요.

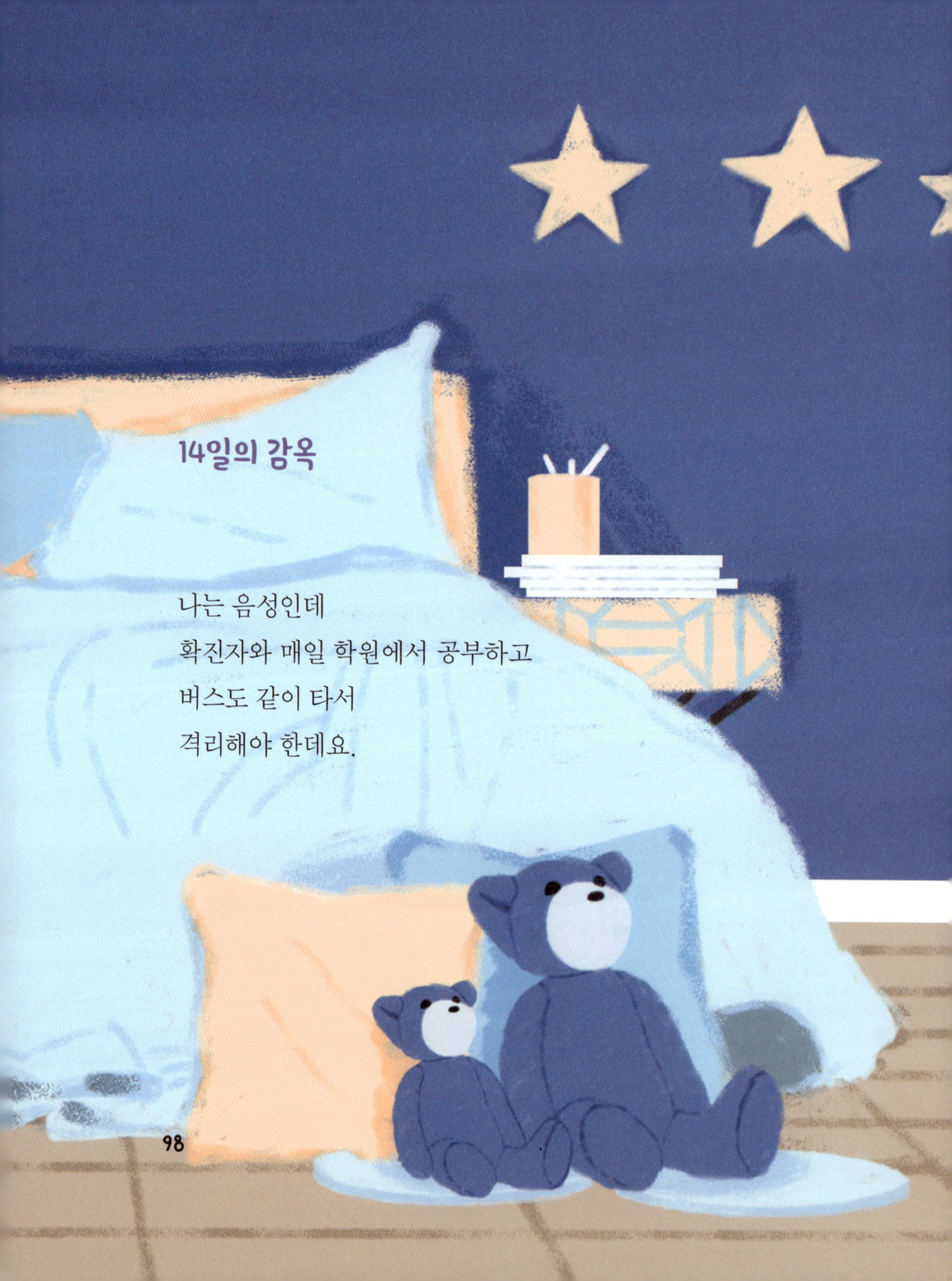

14일의 감옥

나는 음성인데
확진자와 매일 학원에서 공부하고
버스도 같이 타서
격리해야 한데요.

방문 앞에 놓인 밥상을 보면
내 방이 감옥 같아요.
나는 잘못한 것도 없는데요.

방에만 있어 답답해
엄마 향기 나는 침대에서 뒹굴고 싶어요.

동생한테 가서
공부하는 것도 참견하고 싶고
동생하고 씨름도 하고 싶어요.

새 옷을 사서
친구들 만나 자랑하고 싶어
만나기로 약속했었는데

상쾌한 바람 맞으며
자전거 씽씽 타고
답답한 마음 시원하게 날리고 싶어요.

물총 놀이

파란 하늘에 쏘아 올린 물줄기
아빠는 요리조리 피하고

아빠가 쏘면
누나와 나는 도망 다녀도
머리, 등, 물벼락을 다 맞아요.

아빠는 힘들다며 대자로 누워
그만하자 항복해요.

생쥐처럼 물에 젖어
누나와 나는 더 놀아달라고
아빠 궁둥이만 졸졸 따라다녀요.

엄마가 안 계시는 날

엄마는 1박 2일 직원 여행을 가셨다.
그래서 외할머니가 오셨는데
외할머니 냄새가 참 좋다.

오늘 저녁에
할머니하고 동생하고 나란히 누워
할머니가 읽어주시는 동화책이
자장가처럼
이불처럼 포근합니다.

꿈속에서
엄마가 활짝 웃으면서
동생하고 나를 '사랑해'하며
안아주면 좋겠습니다.

깍두기

아삭아삭
매콤한 깍두기

나는 앞치마 두르고
깍두기를 만들어요.

무는 아주 작은 네모로 썰고
고춧가루, 마늘, 꽃소금, 액젓, 설탕 조금 넣고
두 손으로 조물조물
그릇에서 넘치지 않게 살살 조심조심

예쁜 김치 통에 담아서
고소한 깨 솔솔 뿌려주면 끝
팔은 아프지만 내 정성이 가득
할머니랑 깍두기 담그기 재미있어요.

왜 그러지

괜히
누나 깨물고
장난감 던지고

어린이집에서
친구들
밀고
팔뚝으로 누르고

선생님이
이리오라 하면
웃으면서
도망가고

나는 왜 그러지
엄마하고 약속했어요.
다음부터
진짜 안 하겠다고.

썰매

동생을 뒤에 태우고
높고 경사진 언덕에서
씽 ~ 내려올 때
목이 터져라 와 ~
소리 지르며 차가운 바람을 먹어요.

"누나 무서워."
"그럼 누나 앞에 타."
다시 씽 ~ 내려오니 다리는 후들거리지만
하늘을 나는 것 같아 신나요.

발바닥이 간질간질
한 번 더 타자고 조르는
동생 볼이 빨간 사과 같아
꽉 깨물어 주고 싶어요.

아이스크림 주인

내가 어른이 되면
달콤한 아이스크림 주인이 될 거야.

제일 먼저 누나한테 크림 통에 가득
좋아하는 친구는 다 줄 거야.
아이스크림은 달고 시원해
친구들 빨아먹는 얼굴 재미있고 좋아요.

많이 먹고 치카치카 하면 되니까
엄마 얼굴 찡그리지 마세요.

나는 형님이니까

색이 예쁜 카레라이스
깍두기처럼 네모난 감자, 당근
가리지 않고 잘 먹어요.

"엄마 맛있게 잘 먹었어요."

"우와~ 은석이 편식도 안 하고 잘먹고
빈 그릇은 설거지통에 두었네."

은석이는 어린이집 6살 형님반
무엇이든지 혼자 해야 해요.
형님반에 형이니까요.

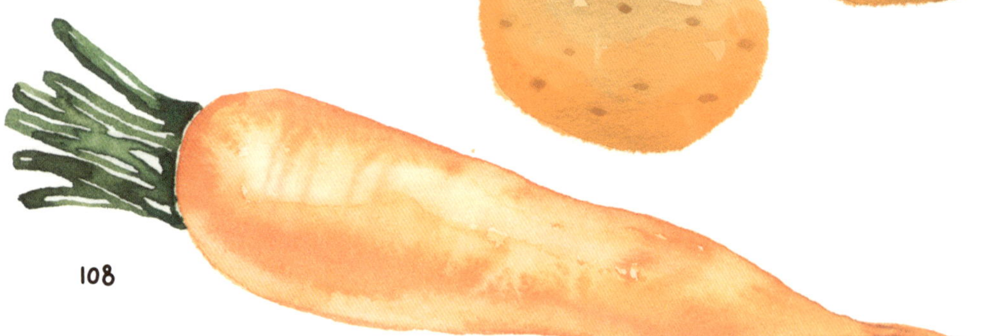

윷놀이

할머니랑 윷놀이
짜릿하고 기분이 황홀해요.

내가 윷을 던지기만 하면
모가 나오고 윷이 몇 번 나와요.
그래서 할머니를 6번 이겼어요.

"마술 부린 거야
던지면 모, 윷이네
할머니 재미없어 안할래."

이 최고의 기분 더 느끼고 싶어
그냥 막 던져도 또 모, 윷이네
어떡하지.

5부

아빠랑 꽃 심기

아빠랑 꽃 심기

삽으로 흙을 퍼서
뿌리가 상하지 않게
살살 골고루 덮어주면
꽃 화분 하나 완성

하나씩
하나씩
심다 보니 재미나다.

혼자 하면 어려워도
아빠랑 같이 심어주니
꽃들이 예쁘게 눈짓한다.

번개맨

와 ~ 기분이 너무 좋아
내 몸이 붕 뜨는 것 같아
아빠하고 번개맨 공연을 봤어요.
무대에서 악당을 물리치는 멋진 번개맨
너무 멋져서 소리를 지르고
손바닥이 아프도록 박수를 쳤어요.

공연이 끝나고
번개맨과 번개체조를 했어요.
키도 쑥쑥, 용기도 쑥쑥
번개맨이 오른손을 들고
"힘차고 씩씩하게 달려보자."
다함께 공연장 지붕이 날아가도록 소리쳤어요.

번개맨과 사진도 찍었어요.
밤에 달님이 자장가를 불러도
잠이 안 올 것 같아요.

비행기

처음 타는 비행기
두근두근 설레지만
마음은 조금 무서워요.

멋있는 옷을 입고
방긋방긋 웃으며 상냥하게 말하는
승무원 언니 오빠
옆을 지날 때마다 향기가 나요.

드디어
붕~
비행기가 하늘 길을 나는데
내가 조종하는 것 같아
내 기분도 두 날개를 쫙 펴고
새처럼 하늘높이 날고 있어요.

의자

친구하고 재미나게
조금 세게 놀았는데
친구가 짜증 내며 훌쩍거려요.

선생님이 나보고
의자에 앉아
반성하라 하시는데

순간
내 가슴이 답답하고
엄마 아빠 얼굴이 보이며 슬퍼요.

한참을 의자에 앉아
장난감 가지고 놀고 있는 친구를 바라보니
아빠가 너무 보고 싶어요.

햄버거 놀이

엄마가 이불을 접을 때
겹겹이 쌓인 이불 속으로 쏙 들어가
반듯이 누워 '얍' 하고 기합을 넣으면
나는 먹지 못하는
예쁜 햄버거가 되어요.

엄마가 "나오라고" 하며 이불을 털면
햄버거는 우르르 무너져 버려요.
'꽈당' 굴러도
햄버거 놀이 정말 재미있어요.

나는 알아요

저한테는 4살 아래 귀여운 남동생 은석이가 있고요.
저를 너무너무 사랑하는 멋지고 잘생긴 아빠와
얼굴이 중학생언니처럼 예쁘고 착한 엄마가 계세요.
우리가족은 매일매일 행복해요.
집안에 웃음꽃이 가득하니까요.
제가 착한 일을 할 때마다 엄마는 스티커를 붙여주세요.
30개가 되면 제가 가지고 싶은 것을 원하면
아빠 엄마는 꼭 사주고 약속을 지키세요.
그래서 저는 정말 기분이 너무 좋아서
하늘을 훨훨 날 것 같아요.
또 제가 숫자공부를 할 때 어려워하면
아빠 엄마는 차근차근 시간이 걸려도
알아들을 수 있도록 가르쳐주세요.
모른다고 신경질내며 혼내지도 않으시고
답답해도 참는 것 같아요.
저는 알아요. 제가 많이 부족하다는 것을요.

그래도 열심히 끈질기게 노력할거예요.
엄마 아빠 기쁘게 해드리고 싶어요.
제가 우리가족을 하늘만큼 바다만큼 사랑하니까요.
아빠 엄마 제가 거북이처럼 느리게 가도 기다려주세요.
공부 잘하고 그림도 잘 그리고
또 다시 시작하는 태권도 잘해서
칭찬받고 사랑받는 아영이가 될 거예요.
아빠 엄마 사랑해요.
내 동생 은석아, 누나가 많이 사랑해.
누나가 재미나게 놀아줄게.

*우리가족에게 보내는 편지

구구단 연습

구구단 외우는 것 너무 어려워
엄마가 도와 주셨다.

칠판에 써놓고
열 번 읽고
한 번 외우기를 반복했다.

금방 줄줄 외우지 못해도
열심히 구구단 송을 부르니
재미가 더해졌다.

아라비아 숫자들이
머릿속을 들락날락하는 날이다.

FIGHTING

싱싱 장터

우리마을
유기농 장터

채소가 소곤소곤
싱싱하다고
고기도 신선해요.

과일도 탱글탱글
좋은 쌀로 만든
쫀득쫀득 맛있는 떡

다이어트 걱정 없는
구수한 호밀빵

예쁜 마음을 선물하는
야생화 꽃 회분
우리마을 유기농 장터
장바구니에 가득 담아요.

짝꿍

엄마는 아빠랑 짝
나는 누나와 짝

할머니는 누구랑 짝이에요?

우리 할머니는
예수님이랑 짝이라고 하세요.

할머니 짝궁을 만나고 싶어요.

존댓말

어린이집 선생님 보면 존댓말이 술술
엄마한테는 왜 반말을 하지.

4살 때는 엄마한테
존댓말 또박 또박 잘했는데
왜? 5살이 되면서 반말을 하는지 몰라요.

엄마가 너무 너무 좋아서 그런가 봐요.

차이가 크게 나네!

나는 초등학교 입학하는 8살
할머니는 70살
와 차이가 크게 나네!

할머니는
내가 예쁜 여자 친구하고
결혼하는 것 보는 것이 소원이래요.

할머니 건강하게 오래오래 사세요.
쑥쑥 자라서
여자 친구 보여 드릴게요.

답답해요

친구랑 싸우지도 않았어요.
선생님이 예뻐해 주세요.
그런데
아빠랑 엄마랑 누나가 있는
우리 집으로 가고 싶어요.

어린이집 사과나무반 교실이 답답해요.
스파이더맨이 되어
큰 문을 열고 휙 ~ 날아가고 싶어요.

웃음참기 놀이

벌칙을 정해놓고
알밤 맞기
꿀밤 때리기
엉덩이로 이름쓰기

친구들이 소리 내지 않고
얼굴 표정으로 웃기기
찡그리거나
눈을 크게 뜨거나
혓바닥을 길게 빼거나
볼에 바람을 많이 넣거나

참지 못하고 웃음 터트리면
벌칙이 기다려요.

친구

친구랑
장난감을 서로 갖겠다고
밀고 당기고
욕심을 부려요.

너
자꾸 떼쓰면
우리아빠한테 이른다.
그럼 너 진짜 혼나

"은석아 아빠가 친구 혼내줄까?"
"안돼 친구 아파."

문희순 동시집

받아쓰기 100+10

2022년 10월 22일 초판 1쇄 펴냄

지은이 _ 문희순
펴낸이 _ 이영옥
편집인 _ 최윤지
펴낸곳 _ 도서출판 이든북

신고번호 _ 제2001-000003호
주　　소 _ (34625) 대전광역시 동구 중앙로193번길 73
대표전화 _ 042-222-2536
팩시밀리 _ 042-222-2530
휴대전화 _ 010-6502-4586
전자우편 _ eden-book@daum.net
공 급 처 _ 한국출판협동조합
주문전화 _ (02)716-5616
팩시밀리 _ (031)944-8234~6

ISBN 979-11-6701-180-0 (73810)

값 12,000원

* 본 사업은 세종특별자치시 여민락 세종시문화재단 으로부터 사업비 일부를 지원받았습니다.